Immer blüht uns das eigene Leben

Poesie

Hermann Josef Schmitz

Bibliografische Information der Deutschen Nationalbibliothek: Die Deutsche Nationalbibliothek verzeichnet diese Publikation in der Deutschen Nationalbibliografie; detaillierte bibliografische Daten sind im Internet über www.dnb.de abrufbar.

Herstellung und Verlag: BoD – Books on Demand, Norderstedt.
ISBN 9 783749 430857

Für Annemarie

sich der zeit stellen
wachsen wie ein baum
geduldig bleiben wie ein atem
wie ein tag eine nacht eine sternreise
jeden tag etwas annehmen
das einen wachsen lässt
im licht reisen und bleiben
sich der zeit hingeben
die erwartungen dämpfen
aber wunder beschreiben
nicht müde werden
den glauben daran zu halten

Etwas wagen

einmal mehr die stimme erheben
als im zurückliegenden jahr
mich an mich halten
mehr als an ein fremdes meinungsbild
etwas mehr geben
um den tag eines anderen heller zu machen
etwas wieder beatmen
ohne etwas verrechnen zu wollen
eine oder zwei inseln suchen
zwischen den lärmenden schlagzeilen
aus dem geflecht von stille
eine trage für deinen schmerz bauen
liebesworte unaufhörlich verschwenden
ganz leise etwas wagen

werden wie eine landschaft in sommern und wintern
aufgehen wie ein junger baum und verblühen wie bitterer mohn
im salzgeflecht von flüchtiger luft verweben und werden
sich wie eine frische brise in den strudel der zeit begeben
sich aufgeben wenn die tage ihren reifegrad überschritten haben
darauf vertrauen dass die jahreszeiten wieder ins helle wechseln
ungebeugt in der lust zum leben bleiben und dennoch zweifeln
unvermindert wurzeln an wunder glauben und lieben

all die geheimnisse benötigen
die stille des ungenauen
benötigen die sicherheit des verborgenen
sie leben in einem anderen leben
als dem gewohnten
sie leben in zwischentönen
hinter farberinnerungen
und im schatten der fallenden worte
sie schreiben ihr eigenes leben
all die geheimnisse
hinter all den andeutungen
und nähren dennoch das offensichtliche leben
das mangelhafte und glückliche
das ungewisse und haftende
nähren sie all die träume und zwischenräume
und das innehalten der landschaft
mitten in diesem ganzen leben

Freiräume

man muss dem leben auch sehnsüchte lassen
es soll sich räume richten die noch ferne sind
man muss nicht alles denken hinterfragen lösen
es gibt genug was sich geheimnis bleiben darf
man muss nicht alles sehen spüren fühlen
es braucht auch eine zeit die eingeschlossen bleibt
man muss dem leben auch sehnsüchte lassen
es darf an manchen tagen eine unberührte rose sein

wir sprachen von den verlorenen worten
von der schwindenden bedeutung von papier
und wir wussten um diejenigen die sich neue formen erdachten
die von den konventionen abwichen
und der schönheit eine andere richtung gaben
wir sprachen von verlorenem licht und von halden toter sterne
von der abgestorbenen sprache und der schönheit von tönen
und wir wussten um die sehnsüchte nach anderen horizonten
die abgezweigten berge und wälder aus stille
und wir gaben uns im vergehen eine andere richtung

es ist nie vorbei
immer gehen wir
durch die salons der
kleinen und großen sehnsüchte
geben den verführungen nach
lassen uns von umwegen leiten
suchen günstige gelegenheiten
und einen unterstand für die angst

es ist nie vorbei
immer blüht uns
das eigene leben mehr
als wir vorauszuschauen wagen
und auf die traurigen straßen
folgen die blauen tannen
die großen meeresufer
und ein tag der sich vor uns verbeugt

ich schlief unter der schweigenden zeit
und in der weite blühte dein schneerosenbeet
vergänglich unter dem unberührten glanz heller tage
ich wartete im ankommen mit geschlossenen lidern
am sternenweg über den du wie ein aufbruch
aus gewonnener zeit kommen würdest
ich spürte schon in den stillen lichtwohnungen
die linie deines herzschlages die wie ein hungriges tier
meinen ruf hinter den traurigen wäldern erhörte

auf dem dunklen gesicht der winterwälder
steht eine zornige falte aus verwildertem schnee
noch scheitern sie an diesem verhängnis
an diesen steilhängen an dieser spurlosigkeit
aber sie vermessen weiter und sie finden immer noch
unberührbare weite und sie vermessen so lange
bis sie die zornige falte geglättet haben
bis sie den letzten hauch ihrer unschuld verloren haben

lichtasche am ende der gangbaren stunden
die abgeschnittenen felder wie hungrige hunde
während sich der tag zu schweigen bemüht
eine sehnsucht nach etwas ohne verortung
räudige gedanken entlang der entlebten herden
wir werden die nächte anfassen müssen
um das blau der wuchernden träume zu stillen

in meinen stuben fehlt im übergang noch licht
und eine ferne trage ich in mir
ich bin nur vordergründig voller worte
ganz still schwingt meine liebe hin zu dir
auf unbeschriebenen seiten denke ich mich
und atme wie ein hochgewachsener wald im herbst
in meinen stuben fehlt im übergang noch feuer
und meine liebe ist ein sehnen voller wirklichkeit

die zahnlosen zäune
hinter dem geschnittenen gras
luftlöcher und lichtpausen
vom verschwinden der zeit
schreiben sie in den leerzeilen
niemand liest mehr
die verweigerten annahmen
der sommer wittert erstmals verrat

wir schauten dem untergehenden licht zu
es wurde weniger und weniger
bis es schließlich über den horizont kippte
und wir in die undurchsichtigkeit der nacht schauten
aber es blieb immer noch genug licht
zwischen den stellen vor denen wir standen
blieb immer noch genug licht

Herbst

wälder wie dome
säulen aus lebendigem holz
eine luft voller licht
leichte blattflüge
eine verwitterte dunkelkammer
seufzende felder
ein verschwundenes regenbuch
schwermütige straßen
die moral wie eine waffe
wälder wie heimatschutz

augen reiben sich in der ferne an
lichtworten treiben auf luftlinien
unter dem wasser die blütengesänge
der seerosen das aufgebrochene gedicht
überschwemmendes gras bäume
ein satter regenflug ein aufatmen
ein zärtlich abgelegter wille
du kommst über die tage
und warst ein hungernder und dürstender
die augen grau geworden vom staub
reiben sich jetzt in der ferne an
lichtworten treiben auf luftlinien
und wolken ufern am sternengehöft

Weltnacht der Sterne

in die heimatgewordene straße schlüpfen
den blick über die winzigen häuserschluchten tragen
und mich hinein legen in die große sternenstadt
während der tag im buch der blinden liest
kann ich dich sehen auf deinem stillen planeten
deine entblößte netzhaut spüren auf meinem atemzug
die sehnsucht zu fliegen und einmal werde ich bleiben
einmal wenn das nachtlicht gegen den strom schwimmen wird

Ganz sicher

vielleicht bleibt die liebe
unter dem gestreckten himmel
das gewagteste und unsicherste abenteuer
aber ganz sicher ist die liebe
in der landschaft des eigenen lebens
auch das größte und schönste risiko

vielleicht bleibt die liebe
dort wo es gilt sich dem gemeinsamen leben zu stellen
ein unvollständiger und sich neu erfindender versuch
aber ganz sicher ist die liebe
des sich immer wieder neu erfindenden lebens
auch die ungeplanteste reise zu den schönsten plätzen

vielleicht bleibt die liebe
inmitten der brüchigen und bedrohlichen welt
die größte gemeinsame suche und erfüllung zugleich
aber ganz sicher ist die liebe
in einer weite aus freiheit und täglichem neubeginn
auch das persönlichste und schönste geheimnis

vielleicht bleibt die liebe
im gefüge der haltlosen zeit
auf immer wagnis und unvollkommenheit
aber ganz sicher ist die liebe
gehalten von einem geländer aus vertrauen und mut
auch innerste heimat und der hafen zugleich

für Christian und Christina

aufgeworfene tage
leuchten bis in die weite zum horizont
ungenau spielt sich der weg
über die weite zu bergen und meer
von dort kommt rückenwind
und er spielt sich in euer bewegen
hinter den schläfen die erinnerte zeit
das beginnen und wachsen
das verschwimmen und wieder entstehen
inmitten der tage die euch sind

aufgeworfene nächte
leuchten bis in die weite zum himmel
ungenau spielt sich der traum
über die weite zu tälern und ufern
von dort kommt rückenwind
und er spielt sich in euer begegnen
hinter den schläfen der aufgegangene traum
das aufwachen und denken
das verschwenden und sich aufs neue lieben
inmitten der nächte die euch sind

für Christina und Christian

Get on board

aus tiefer dunkler erdenhaut
wächst ton um ton in eine große stimme
trägt durch den altehrwürdigen raum
der sich verneigt vor solcher größe
wächst hoch hinaus bis zu der giebeln spitze
erfüllt die menschen wie in einem schiff
sie klingen wuchern überborden
und jedes wort das sich auf diese leiter stellt
kommt in mir an in tiefer dunkler erdenhaut
berührt in allen wurzeln meine seele
treibt dieser schwere dunkle liederfluss
mich weit durch alle räume fort

könige könnten wir sein
wir gäben den sternen des lebens bedeutung
lösten die welt aus dem würgegriff
wir hätten nichts als zuneigung und mut im gepäck
hinter der herzwand ein liebevolles versprechen
und wir gäben etwas zurück und gäben etwas ab
das einen anderen nährte
einmal dienten wir dem geschenk des lebens
mit einem stillen leuchten in uns
und warteten aufgeregt aber sicher
auf das wunder der verheißung
könige könnten wir sein
von weihnachten bis weihnachten
können wir könige sein

ich werde einmal wieder
mit dir auf zufallsstraßen leben gehen
die tage werden ohne stimme
und ohne heimatrecht auf einer warmen zunge wohnen
wir werden uns vertrauen
weil wir nicht wissen wo diese straße streift und biegt
wir werden nichts vermessen
und nur im staunen und im wundern wachsen
ich werde einmal wieder
mit dir auf zufallsstraßen leben gehen
die ferne wird uns größer werden
weil nichts von gestern unserem denken hilft
wir werden einer wirklichkeit begegnen
die keinen klang und keinen namen hat
mit jedem luftsaum neue sternenwege lesen können
und fremde häfen in unseres herzens stimme nehmen

nachwachsen
wenn das leben innehält
innehalten
wenn das leben geschwindigkeit aufnimmt

immer hüten die stillen luftrosen
das gedenken am straßenrand
unter den himmeln bleibt ein riss
aus ungeschriebener traurigkeit
aber die erinnerungen bleiben unversehrt
nichts schönt sich und nichts verblasst
du lebst weiter in einer fuge
aus staunendem lachen und demut zum leben

für M.

Risco del Paso I

ein wenig streunen
ohne einen stein im gepäck
unerschütterlich bleiben die einen
unverbesserlich sammeln die anderen
die angst in großen alben
schreiben sie in atlanten
aber dir gehört nichts
nicht einmal der wind dessen raspeln
die porzellanfarbene haut öffnet
und sich ohne verlangen
in deinem gehör ansiedelt
wirst du ganz leise
wirst ganz langsam und wach
ein wenig schlendern
ohne stoff im gepäck
selbst das richtige wort
wäre jetzt unpassend
im brausen im tosen
im brechenden wellengestein
hier ist meine heimat
für jetzt für drei stunden
für morgen vielleicht
dann reise ich weiter
nichts liegt verankert im hafen
nichts will von dauer sein
aber es gibt einen atlas
und dort wohne ich immer

Risco del Paso II

wähnten wir alle ordnungen gegeben wellenbögen luftzüge linien
aus schwarzem sand windgetrieben zwischen salzsäumen
schaumkronen überspülte spuren und lichtwechsel spielte einer
schattenmelodien trugen steine ewige feuer in sich und schrieb der
kratzende federstrich seine eigenen worte blieb wolkenzeit eine
regengeschichte geschliffene haut wähnten wir alle ungewohnheiten
einer landschaft eines vogelschwarms wasserdünen und segel
hautlos hinter dem sternenfenster legte einer die hand auf die
mähne aus muschelkalk flüsterte von ursprüngen vermächtnissen
brüchiger zeit erzählte noch einmal im sandgefieder aufgehellt
vergangene wunder ungebrochene wortlinien ein wiedergefundener
stern

Lichtschutzgebiete

die schönheit der schutzlosen berge erst beim zweiten hinschauen
spüren all die stillen farben die unerkannten bewegungen aus luft
und die erkenntnis die in einer anderen zeit wohnt deren gedanken
nichts an wert verloren haben jetzt die flüchtig aneinander gereihten
sätze vergessen der stolpernde gedanke eine minute später aber die
schönheit der schutzlosen berge in der tiefe ihre stillen feuer ein
bleiben und vergehen zugleich nachts sternengehöfte ansiedlungen
lichtstraßen so klar und weit und bedeutender als ein satz eine
beschreibung nur die schönheit der schutzlosen berge und nachts
kein falsches signal in sicht wenn sie erwachen sternengehöfte stille
wälder aus licht

La Pared

I

nie gleicht eine welle der anderen

II

in der tiefe weit draußen bricht sie das licht und legt sich in den wind
legt sich in die welle sie sind geschwister und konkurrenten zugleich
wechseln form und tempo wann immer es passiert legt sich mit aller
wucht auf ihre eigene bahn bis sie am felsen am ufer am himmel
bricht

III

dastehen und sich in das tosen der ankommenden und vergehenden
wellen fügen sich schweigen verordnen und mit ihm das staunen
vergängliche spuren streifen und nur ahnen von den jahren den
vielen in denen das wasser den stein schleift

IV

hingabe mehr hingabe und staunen sich begrenzen auf das jetzt und
im blick auf das ungestüme meer alles vergessen und sich hingeben

V

der stolze vogel von wind und gischt getragen sein langgezogener
ton in der salzluft wieder und wieder

eine vergangene straße
und immer wieder altäre
keine stillen plätze
mit einer blüte einer kerze einem kreuz
plätze im tempolärm der autos
aber unverkennbar altäre
und man kann den dumpfen schmerz
der mütter väter der geschwister ahnen
die angst hier wieder vorbeizukommen
oder bei allem vielleicht die freude
hier gewesen zu sein
die erinnerung ausgeborgt zu haben
und dann wieder zu gehen
an einen anderen ort
wo der schmerz schwerer wiegt
wo die erinnerung nicht ausgeborgt werden will
wo sie nichts von geborgenheit hat
sondern eine einzige lange kurve aus schmerz ist
die nicht der geforderten linie folgte
immer wieder altäre
und die geschwindigkeit
die sich nicht geändert hat
immer wieder altäre
und der gedanke der bremst
während die sterne versiegen

Piana I

Les calances de piana

flackernde windschrift am horizont ankommen nach tagelanger
suche jemand flattert entlang dem offenen fenster und hat keinen
raum mehr zum staunen im vorbeifahren die eindrücke fixieren und
nie mehr anschauen dann wieder stille ein steinerner hund zwischen
den ufern aus rotem fels unverkennbar die windschrift hier im
gestein einer anderen stadt einwärts buchten und in der
mittagsstunde leise gespräche von gestein zu gestein geschichten
die endlos bleiben und unverständlich wie man nicht schweigen kann

Piana II

Les Roches Rouges

als wäre die musik der schlüssel zur geschichte der mauern den glanz
der instrumente sehen und den glanz der haare des trompeters
riechen den schwung von nylonbeinen und die sehnsucht einer
anderen zeit stehengebliebene worte eine tür zu einem salon eine
zeit vor der gelebten zeit und ganz mit dir hier und später der
blätternde glanz der mauern ein vergehen eine unbemerkte sünde an
der schönheit die unvergänglich schien gegen jeden strom einer
kommenden zeit

Jegenstorf I

regenstreifen zwischen dem stillen licht der krokusse die platanen
seufzen und warten es werden hellere tage kommen aber hier in den
räumen mit ihrer großen vergangenheit wiederholt sich die
begegnung neu und dieses flirren der worte und die umarmungen
seitwärts und dieses leuchten im ankommen die berührungen der
augen und hände die menschen finden sich zwischen dem grau der
regentropfengeflechte und nichts kann sie hindern sie legen das
auge in seidenen stoff die farben wandern im schatten das glas ein
spiegel aus sternen und flüssen die worte eine handbreit neben
deinem herzschlag entdecken neue plätze und das holz mit seiner
geschändeten vergangenheit ein schwung zwischen aufkommendem
licht reiht sich eine blüte im wolkengefäß in den gesang der vögel sie
schließen die stunden nicht mehr regenstreifen legen den geruch von
ankunft in die luft und hie und da träumen die träume eine
entstehende erinnerung

Jegenstorf I

wir trinken das licht des morgens zwischen den stunden feuert
jemand die sehnsucht weiter an knospen lösen sich wie
wolkenwälder unberechenbar schön bleibt die liebe wir schreiben
neue worte in die luft zwischen glas und farben trifft ein satz mitten
in die seele und unter der vertrautheit des gewohnten lebens löst
sich eine tiefere schicht ein gedanke stolpert bleibt haften und
wieder begegnen sich menschen zwischen platanen türen öffnen sich
von selbst ein satz ein weiterer satz und ein versprechen die freude
über eine landschaft auf einer schachtel in einem stein zwischen zwei
drähten dort wo die vernünftigen ihr schweigen hüten werden die
lustvollen und erhöhen den schwungbogen zwischen kopf und herz
aus der mitte des weggeriebenen graus türmt sich ein himmelhoher
horizont und füttert den hunger nach leben dann und wann gehen
zwei mitten hinein in dieses leben schenkt mir mein sein ein neues
blühen in einem tag wie ein anbeginn in einem tag voller liebe
zuversicht und zärtlichkeit

es werden die tage kommen
an denen sie alles vermessen und vergeben haben
die luft ein stauraum
die felder kolonien maximalen ertrages
es werden die unverzeihlichen tage kommen
die tage ohne vergebung
an denen das letzte bündnis gebrochen wurde
und die vermählten im verlorenen bleiben
es werden die toten tage kommen
tage an denen du die tür öffnest
die gezähmte landschaft vor dir liegt
und du nichts unerwartetes mehr finden kannst

sie führen schon viel zu lange
dieses eingehegte leben
ihre worte sind ausgegangen und nicht zurückgekehrt
längst glauben sie den leeren versprechungen mehr
als dem eigenen herzschlag
sie entmündigen den schmerz ihrer seele
und ihr gewissen haben sie an einen unbekannten verkauft
alles ist berechenbar geworden
selbst die liebe macht die vielen traurigen jahre nicht mehr wett
und während sie nachts nicht in den schlaf finden
treiben die scherben ihrer vergangenheit
ungenau durch die wachträume
sie führen schon viel zu lange
dieses ungewisse leben

sie trugen den ballast ihrer eigenen worte
schwer hing der regen im geäst der versprechen
nie gab einer den gegenton an und wechselte
die richtung blieb vorgegeben kein ziel war in sicht
sie wechselten nach den navigierenden worten
in den wäldern wohnten die zivilisierten rehe
ständig klopfte einer an die tür des gewissens
sie hatten die hinterausgänge aufnotiert
aber ihre messwerte waren öffentlich wie ein gefundenes
tagebuch schrieben ihre armbänder schrittzähler zeitmesser
einer bestimmte für sie den tag und die nacht

ständig zaudert einer und ist mutlos
nie lebt einer gegen die himmelsrichtung
aber mit lügen verdienen sie geld
eingezwängt im korsett der vorgefertigten meinungen
nicht ist sicherer als die ratlosigkeit
und die kränkung durch trostpreise
ständig berechnet jemand das leben
nie legt einer die zeit in den herzschlag

dann entdeckte ich
was ich nicht mehr ertrug
es war die wortlose kränkung
die schweigende nichtwahrnehmung
den blick in dem es nie
ein fenster zum herzen gab

sie haben sich eingerichtet
in ihren ausgeweideten träumen
und füllen die leere
mit schlafmitteln und bitteren wahrheiten
aber sie bleiben sich treu
sie feiern nur noch ihre selbstoptimierung
koste es das leben oder etwas anderes
sie haben sich eingerichtet
im tal der verzweiflung
und folgen den preisträgern
in die gläsernen büros der langeweile
sie sind schattenkinder der schönen tage
eine unruhige herde auf einem scherbenweg

im entlegenen leben leben
das gewissen abgetrennt wie einen überflüssigen saum
austauschbar geworden in dieser auslagerung
fremdbestimmt von nachrichten unsinnigen zeilen
nicht eingehaltenen verabredungen
dabei gewesen sein und doch nicht dort
später schaust du im ausgelagerten leben
bilder und filme findest worte und farben dafür
und kannst dich doch nicht erinnern
denn niemand füttert im überquellen der nachrichten
die wirklich wichtigen momente in den schränken der gegenwart
dort wo die stille aus der dämmerung fließt
die wälder der einzige trost sind
doch du ahnst kaum noch den geruch
ahnst kaum noch die verwunschenheit von wäldern
du lebst längst im ausgelagerten leben
dort wo du ab und zu in der ferne jemand siehst
der dir ähnlich war

da sind die
die ihren eigenen namen verloren haben
und wenn sie zwischen allen schweren träumen
den klang von ihrem namen hören
dann leben sie in ihres herzens ursprungsland

da sind die
die ihren eigenen namen nicht mehr zu tragen wagen
und wenn sie geduckt mit schnellem schritt
den blick nach unten durch fremde straßen gehen
dann zieht es ihnen immer wieder ihren boden weg

und da sind die
die ihren eigenen namen wissentlich verbergen
und wenn sie ihrem gesicht die konturen schwärzen
die stimme fälschen und ihre worte lügen werden
dann treten sie und treten sie nicht nur den einen namenlosen

wir denunzieren die welt
und belügen uns nach belieben
den lotsen folgen wir schon lange nicht mehr
unsere schiffe havarieren
gelangweilte bürger kaufen bereits viele jahre ihr glück
nichts ist geschenkt selbst das leben nicht mehr
wir zäunen uns aus der verantwortung
wenn die kapitäne den kurs bestimmen wollen
immer glauben wir uns auf der sicheren seite
ganz selten stolpern wir
über die geschwärzten angstbalken
dann wird der blick trübe
die verwundete landschaft stellt sich scharf
aber das geht dann wieder vorbei

Warteschlange

zuerst die goldkartenträger
die schon ganz unruhigen
unter dem raunen aller wartenden
ein schritt nach vorne ins gemachte lächeln
von dort ein leicht erhobener blick ins ungenaue
bewegungsfreiheit für einhundert meter
man weiß nicht was ehrfurcht und sarkasmus trennt
zuerst die die geschäftstüchtigen
die eiligen und terminwartenden
und am ende alle zusammen
nichts mehr unterscheidet sich dann
wenn die angst übergriffig wird
zuerst die goldkartenträger

scheinbar grundlos weinen
und nicht mehr aufhören können
wenn ich daran denke
das ein morgen kommen wird
an dem keine schwarzen vögel mehr
das scherenschnittgeäst der bäume kreuzen
das ein morgen kommen wird
an dem nur noch der missklang
der maschinen den ton angeben wird
und eine leere entsteht wie nie zuvor
und nicht mehr aufhören können
zu weinen

diese tage
an denen die angst hinter der schneerinde pocht
und sich ihr atem nicht stillen lässt
an denen die dunklen wälder
für einmal keine lösungen bereit halten

diese tage
an denen jemand der unruhe das verlies geöffnet hat
und sie dich durch unwirsches gelände zerrt
an denen die ausgerufenen schreie
in den inneren wohnungen ungehört verhallen

diese tage
an denen nichts unsicherer wird als der kommende tag
und es keinen doppelten boden gibt
an denen niemand mut auf die zunge legt
jetzt wo du einmal selbst an der reihe wärest

luftmoos auf den dächern der frühe
und erinnerungen wie wellengänge
vergänglichkeit überholt den herzschlag
ein raunen ankert am ufer der bitten
wohin sollen die träume denn wandern
entlang der angeketteten verzweiflung

sie nährt
den fremden schmerz
wie ein schattengewächs
sie nimmt
die fremde hoffnung
aus der stundenwurzel

alles hatte jene von selbst entstandene ordnung
linien fäden lücken schraffierungen
vogelflugformationen und wolkenzüge
tintenschwarz war die nacht einmal gewesen
bis jemand das siegel brach
und die geheimnisse missbrauchte zum zweck

Über Bord

auf den meeren
sterben die einen
weil ihnen niemand eine hand halten konnte
in den alltagen
verschenken die anderen
ihr gewissen wie eine sattgesehene serie

einmal war es dann warm in den stuben und ställen
der weihnachtsbaum trug das lametta vom vorjahr
mit anmut und würde
die gebliebenen kerzen brannten
und überstrahlten die müde glühbirne
wir sangen die töne der lieder im ungefähren und rau
aber das wunder war näher und der geruch des baumes blieb zauber
vorfreude füllte den täglichen koffer aus zeit
die mutter trug nur dann weiße schürzen
heiliger kindertraum und immer das radio die stimmen ihre musik
eine nacht die sich nicht ordnete und nicht still wurde
blieb es warm in den stuben und ställen
wie schnell sich dann das jahr vergaß
zwischen kugeln und spritzgebäck
der rauch einer letzten zigarette im wahrhaftigen schnee

du hättest diesen sommer geliebt
endlich einmal wieder wären alle pläne aufgegangen
scharfe messer hätten die üppige ernte geschnitten
in der staubigen landschaft wären die sorgen klein geworden
wären die sonntage sonntage geworden
unbeschwerter und gedankenverloren mit unerfüllten träumen
wärest du einmal bei dir angekommen
mit einer zigarette in der hand und einer losen hosentasche
die alten vertrauten und die hundertmal gesprochenen sätze
und häufig im gestrüpp der vermutungen am thekenrand
dahinter sternenhimmel eine ruine ein wasserturm
du hättest diesen sommer geliebt
er wäre tagelang ein ganzes leben gewesen
verflochten wie ein ungenaues flussdelta
gerichtet nach den sonnenstunden
und im unterholz der dorfgespräche
immer eine wohnliche überraschung aus genuss und leiser moral

wenn du vor den reifenden feldern standest
und der wind seine unsteten flüge vollführte
schien es wie an einem flatternden meer zu sein
dann verstummte die leise sehnsucht nach weite und wellen
denn die schwebenden wiesen und felder waren weite und wellen
wenn du mitten in diesem blühen standest
staunend die mohnpergamente schauend
wenn die bäume ihre durchlässigen schatten warfen
und die luftfächer die frühe hitze streiften
dann verstummte die leise sehnsucht nach weite und wellen
dann erfüllte dich der geruch der grasstädte
das schweigen der weich gewordenen wege
und die ungewissen häfen der stillen wolken

noch einmal kam die frühe stunde
in deinen letzten traum
zeit legte sich auf eines horizontes spiegel
und gab ein letztes mal sich deinem leben hin
ein müde gewordener atem kam
und seines spiegels sprechen ging
und kam noch einmal
wirkte in das meer von tausenden gedanken
ein müde gewordener atem ging
und blieb mit deiner unbeschwerten seele
an einem anderen fernen warmen ort

worte wirst du schreiben
worte aus glas
in den papierlosen logbüchern
hinter deinem herzzimmer
wird sich das leben verführen und verführen lassen
ganz ohne pläne einmal mehr
wirst du dich nicht bereiten
es mag doch einfach kommen
dieses neue lebensjahr
es mag sich stellen
dann wirst du schon mit deiner menschen liebe
auf einem neuen jahresweg dich finden
wirst selten routen suchen
hingegen unaufhörlich fragen stellen
wirst offen bleiben für alles was sich dann ergibt
dein leben wird sich auch im neuen jahr
ganz ohne beipackzettel so ergeben
sein meer wird zwischen weiten horizonten
sternenlosen träumen lichten engen schweben
wird immer wieder häfen suchen
wird dich erhellen und verführen
wirst worte schreiben
in papierlosen logbüchern
und wenn die stillen nächte auf den augen schweigen
wird sich das große herz
zu einem leisen jubel schwingen
worte wirst du später lesen
worte aus glas
sie werden halten über die jahre hinaus
sie werden getragen sein von der liebe zum leben
sein von der sorge zum glück

Undecim

aufs neue verzweigen die wege
eine unbekannte weite öffnet sich
und unberührt zeigt uns die landschaft
herzblüten fingeraugen schwingendes wolkenglas
wir trauen den verzweigungen im wachsen der jahre
fügen uns ein und werden doch weiter
entmündigen die härte und bleiben uns eigen
bäume gräser gelesene wasserbücher
ordnen sich neu wachsen wuchern verzweigen
öffnen sich lichtlinien ungebändigt
wir wagen das bekenntnis für eine neue reise
flüstern die liebesworte mit einem neuen ton
wir wagen die zärtlichkeiten wie eine wiederkehr
entdecken das versprechen wie eine losung zum lieben
aufs neue erfinden sich unsere wegsteine
aufs neue wagen wir uns
aus den unbekannten schatten
des kommenden jahres

Hingabe

unbegrenzt werden
unter dem schirm deiner hände
wie licht fließen
im stillen zimmer nichts denken
als den augenblick
salzufer ahnen
ein lippengeflecht
und die ungesprochenen worte
hinter dem aufbegehren

ganz tief in dir
fließt dein eigenes meer
die ufer aus zeit beruhigen
die ungenauen bewegungen
stille worte treiben
durch die luft
sie streicheln wie ein atemhauch
deine gedanken
ganz tief in dir
verwischen die farben
lichtbrüche verweben sich
zu hintergründen
die ferne steht still
in einem fenster aus schnee
ganz tief in dir selbst
webst du ein wunder aus glas

wenn mir dein herzschlag
näher wird als der eigene
wenn sich meine lippen
in deinem stummen wort verfügen
wenn etwas aufbricht
wie ein knospendes licht
wenn eine ferne in mir ankommt
bin ich geborgen im saum deiner haut

ich atme dich
und folge deinen schwüngen
dein feuer brennt
als bliebe nur die eine nacht
ich halte dich
und folge deiner stimme
dein rhythmus schwebt
als bliebe nur dies eine fest

in sommern legen wir geheime gärten
aus haut und haaren an
wir säen fingerspitzen und lippenblüten
und wenn sich die lichtverhältnisse ändern
schließe ich deinen mund
mit späteren träumen und unaussprechlichen worten

schlickige luft in der frühe des sommers
und die straße ist noch von gestern warm
jetzt würde ich dich gerne aus deinem schlaf reißen
die geräusche des morgens zu mir nehmen
die ungezügelte luft über die nackte haut streifen lassen
uns einfügen in das gewebe der verpassten zeit
den tag an einem anderen ort lassen
jenseits der schlickigen luft und der warmen straße
würde ich uns gerne verwildern hier und jetzt

bleibst du mir sommersaal
bleibst hafen himmelsrichtung und herzschlag
dich liebe ich und all dein blühen

wächst du in jeden winkel meiner zeit
und bleibst so manches mal doch gerne unerkannt
webst unbemerkt aus großer liebe zuversicht
du bist mein wurzeln und meiner ferne sehnsucht fast zugleich
durch dich werd ich genauer mit meinem blick auf diese welt

bleibst du mir sommersaal
bleibst landschaft leidenschaft und liebe
dich atme ich und all dein leben

will ich mich üben in erfüllung und in festlichkeit
versuchen mit dir aus den zahlen auszubrechen
und immer wieder mit dir lustvoll sein
mich freuen innern und auch immer wieder sehnen
und in den nächten flügel sein und sommertag zugleich

bleibst du mir sommersaal
bleibst mir vertrauen versprechen und versuchung
dich schaue ich voll stolz und als geheimnis

so tragen wir die zärtlichkeit auf einem fluß
durch alle strömungen wie ungesprochene worte
verflechten uns mit himmeln träumen vagen zielen
entdecken im vertrauten immer wieder unsere liebe neu
und tauchen durch das wagnis wie jeden tages erste spur

bleibst du mir sommersaal
bleibst freude festlichkeit und feiertag
dich trage ich und lass dich frei

und wieder schreibst du
stille geschichten voller leben hinter glas
fein gewebte sprachspuren
lagern sich in großen unberührten blütenwolken
und wieder erfindest du
eine andere welt jenseits der programme
fein gesponnene verwinklungen
legst wunder an in muscheln flügeln ufersäumen
und wieder wiegst du
eigenen klang und eigenen rhythmus
verfängst die schraube eines windes zu einem stillen ton
den hellen tag und eine sternennacht in eines glases lippenpaar

während du schliefst
im abgedunkelten sommerzimmer
hörte ich deinen wimperngesang
das flirren des blutes in den vorhöfen
abgerissene sätze verloren sich
und ich spürte immer noch
den weichen weg deiner hand
über meiner aufgebrochenen haut

einmal trug ich deine sorge
wie einen brüchigen vogel
dessen dünne stimme
dem wind nicht standhielt
und wir wussten
tage und nächte
würden kommen und vergehen
und aus dem warmen geflecht
der tragenden seele
würde die sorge kleiner werden
und des vogels gesang
bestehen können

dein rücken war weich
wenn ich mit meinen händen
unter der haut wanderte
spürte ich das netz der schritte
den angehaltenen atem
und den widerspruch
aus kommen und gehen

dein rücken war weich
wenn meine lippen
die schulterblätter linierten
spürte ich siedlungen
in denen dein atem wohnte
und das gewicht der zeit
im schweren und leichten

wir schliefen
auf dem luziden band der mittagsstunde
luftschiffe trieben ohne ziel
apfelbäume blühten überschwänglich
wasser trieb wieder über steinerne flügel
ein traum wurde zum spalier
wir schliefen
im atemgeflecht der mittagsstunde

Hermann Josef Schmitz wurde 1960 in Wissen/Sieg geboren. Er lebt heute sowohl in der Nähe von Heilbronn als auch im Kanton Bern. Der Autor arbeitet als Trainer für Führungskräfte und Teams in einem großen Unternehmen.

Er ist verheiratet und hat zwei erwachsene Söhne. In seiner freien Zeit aber auch in seinem beruflichen Umfeld beobachtet er gerne. Hermann Josef Schmitz liebt mit seiner Frau das Zusammensein mit vertrauten und neu begegnenden Menschen und den Blick in die Natur. Er liest sehr gerne, mag Musik gepresst und mindestens genauso gerne live. Darüber hinaus sind das Laufen, Reisen an vertraute und neue Orte sowie Kunst vielfältigster Art immer wieder Inspiration für ihn.

Schreiben ist seit über 40 Jahren ein andauernder Teil seines Lebens.

Weitere Leseworte des Autors gibt es in seinen Bänden

- Du gibst Grün für mein Blau
- Pfingstrosenschnee
- Eine Handbreit neben Deinem Herzschlag
- Geborgen unter dem Horizont
- Wächst die Welt aufs Neue hinaus
- Eine Stelle zum Aufatmen suchen

und in seinem Blog Wortgarage
https://wortgarage.blogspot.com